Anonymous

Denkschrift über den Canal von Haro

als Grenzlinie der vereinigten Staaten von Amerika

Anonymous

Denkschrift über den Canal von Haro
als Grenzlinie der vereinigten Staaten von Amerika

ISBN/EAN: 9783743621589

Hergestellt in Europa, USA, Kanada, Australien, Japan

Cover: Foto ©ninafisch / pixelio.de

Weitere Bücher finden Sie auf **www.hansebooks.com**

Technical and Bibliographic Notes/Notes techniques et bibliographiques

The Institute has attempted to obtain the best original copy available for filming. Features of this copy which may be bibliographically unique, which may alter any of the images in the reproduction, or which may significantly change the usual method of filming, are checked below.

L'Institut a microfilmé le meilleur exemplaire qu'il lui a été possible de se procurer. Les détails de cet exemplaire qui sont peut-être uniques du point de vue bibliographique, qui peuvent modifier une image reproduite, ou qui peuvent exiger une modification dans la méthode normale de filmage sont indiqués ci-dessous.

☐ Coloured covers/
Couverture de couleur

☐ Covers damaged/
Couverture endommagée

☐ Covers restored and/or laminated/
Couverture restaurée et/ou pelliculée

☐ Cover title missing/
Le titre de couverture manque

☐ Coloured maps/
Cartes géographiques en couleur

☐ Coloured ink (i.e. other than blue or black)/
Encre de couleur (i.e. autre que bleue ou noire)

☐ Coloured plates and/or illustrations/
Planches et/ou illustrations en couleur

☑ Bound with other material/
Relié avec d'autres documents

☐ Tight binding may cause shadows or distortion along interior margin/
La reliure serrée peut causer de l'ombre ou de la distortion le long de la marge intérieure

☐ Blank leaves added during restoration may appear within the text. Whenever possible, these have been omitted from filming/
Il se peut que certaines pages blanches ajoutées lors d'une restauration apparaissent dans le texte, mais, lorsque cela était possible, ces pages n'ont pas été filmées.

☐ Additional comments:/
Commentaires supplémentaires:

☐ Coloured pages/
Pages de couleur

☐ Pages damaged/
Pages endommagées

☐ Pages restored and/or laminated/
Pages restaurées et/ou pelliculées

☑ Pages discoloured, stained or foxed/
Pages décolorées, tachetées ou piquées

☐ Pages detached/
Pages détachées

☑ Showthrough/
Transparence

☐ Quality of print varies/
Qualité inégale de l'impression

☐ Includes supplementary material/
Comprend du matériel supplémentaire

☐ Only edition available/
Seule édition disponible

☐ Pages wholly or partially obscured by errata slips, tissues, etc., have been refilmed to ensure the best possible image/
Les pages totalement ou partiellement obscurcies par un feuillet d'errata, une pelure, etc., ont été filmées à nouveau de façon à obtenir la meilleure image possible.

This item is filmed at the reduction ratio checked below/
Ce document est filmé au taux de réduction indiqué ci-dessous.

1	2	3

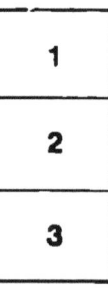

DENKSCHRIFT

ÜBER DEN

CANAL VON HARO

ALS

GRENZLINIE DER VEREINIGTEN STAATEN VON AMERIKA.

SEINER MAJESTÄT

WILHELM I.

DEUTSCHEM KAISER UND KÖNIG VON PREUSSEN

ALS SCHIEDSRICHTER

IM NAMEN DER AMERIKANISCHEN REGIERUNG ÜBERREICHT

VON

DEM AMERIKANISCHEN BEVOLLMÄCHTIGTEN

GEORGE BANCROFT.

DENKSCHRIFT.

Der Vertrag, dessen streitige Auslegung Euerer Majestät Entscheidung unterbreitet ist, wurde vor länger als einem Viertel-Jahrhundert geschlossen. Von den 16 Mitgliedern des britischen Ministerraths, welche ihn entworfen und den Vereinigten Staaten zur Annahme vorgelegt haben, sind Sir Robert Peel, Lord Aberdeen und alle Uebrigen, mit Ausnahme eines Einzigen, heute nicht mehr. Der Britische Gesandte zu Washington, welcher ihn unterzeichnete, ist todt. Von den betheiligten Amerikanischen Staatsmännern sind der Gesandte zu London, der Präsident und der Vicepräsident, der Staatssecretair und alle verfassungsmässigen Rathgeber des Präsidenten, bis auf Einen, dahin geschieden. Ich allein bin zurückgeblieben; und nach mehr als vollendetem 70sten Jahre, — der Lebensfrist der heiligen Schrift, — bin ich von meinem Lande dazu erkoren worden, seine Rechte aufrecht zu halten.

Zu sechs verschiedenen Malen haben die Vereinigten Staaten das Anerbieten eines Schiedsverfahrens über ihre Nordwestgrenze erhalten, und sechsmal haben sie es abgelehnt, sich einem Spruch zu unterwerfen, wo die Bedeutung des Streitgegenstandes so gross, und das Recht so klar war. Aber als

A*

eine Uebereinstimmung dahin gewonnen war, die Frage vor
Euere Majestät zu bringen, hat mein Land sich entschlossen,
sein Verfahren zu ändern. Wir sind heute bereit in dem
Herzen von Europa, vor einem Tribunal, von welchem kein
anderes als ein gerechtes Urtheil ausgehen kann, darzulegen,
wie wohl begründet unsere Ansprüche, und wie sehr unsere
leitenden Grundsätze die der Mässigung und Gerechtigkeit
gewesen sind.

Der Streitfall fasst Fragen der Geographie, der Geschichte
und des Völkerrechts in sich: und wir betrachten es als ein
Glück, dass die Erörterung inmitten einer Nation stattfinden
soll, deren Söhne in diesen Wissenschaften durch einen Carl
Ritter, einen Ranke und einen Heffter gebildet sind.

Der lang hingezogene Streit hat die Richtung genommen,
zwei der grössten Mächte der Erde einander zu entfremden,
und hat sogar (wenn auch entfernt) einen Waffenstreit herbei-
zuführen gedroht. Ein Mangel an Vertrauen in die Gesinnung
der Britischen Regierung hat sich in den Staaten der Union,
welche jetzt am Stillen Meere aufblühen, der Gemüther be-
mächtigt, und könnte zu einer schwer vertilgbaren Volks-
überzeugung wachsen.

Inzwischen haben Euere Majestät dem Deutschen Volk eine
Einheit und Ruhe gesichert, und eine Höhe des Glücks erreicht,
welche nie zuvor einem Deutschen Krieger oder Staatsmann von
der Vorsehung beschieden war. Würde es nicht für den Deutschen Kaiser die Krone des Ruhmes sein, in der Fülle der Jahre
und in der Ruhe nach den gewaltigen Kämpfen eines ereigniss-
vollen Lebens, die beiden jüngeren Zweige der grossen Ger-
manischen Völkerfamilie zu versöhnen?

DER PUNKT DER ENTSCHEIDUNG.

Der dem Schiedsverfahren unterworfene Streitpunkt ist
genau begrenzt. Durch Art. I. des Vertrages zwischen den

Vereinigten Staaten und Ihrer Grossbritannischen Majestät, Appendix No. 1 p. 3.
d. d. Washington 15. Juni 1846, ist festgesetzt worden:

> Dass die Grenzlinie zwischen den Gebieten der Ver-
> einigten Staaten und denjenigen Ihrer Grossbritan-
> nischen Majestät laufen soll von dem Punkt des
> 49sten Grades nördlicher Breite, bis zu welchem sie
> bereits festgestellt worden ist, westwärts längs des
> gedachten Grades nördlicher Breite bis zur Mitte des
> Canals, welcher den Continent von der Vancouver's
> Insel trennt, und von da ab nach Süden hin
> durch die Mitte des gedachten Canals und der Meer-
> enge von Fuca bis zum Stillen Ocean.

Die Britische Regierung beansprucht, dass die hier
bezeichnete Wasserlinie durch eine Durchfahrt laufen solle,
welche sie mit dem Namen der Meerenge *(straits)* von
Rosario zu bezeichnen beliebt, und welche die Vereinigten
Staaten zum Zweck dieser Ausführung unter jenem Namen
passiren lassen.

Die Vereinigten Staaten beanspruchen, dass die Wasserlinie durch den Canal von Haro laufe.

Der Schiedsrichter wird endgültig zu entscheiden haben, Appendix p. 4 l. 25—21.
welcher dieser Ansprüche einer richtigen Auslegung am
meisten entspricht. Dies ist der Punkt der nachgesuchten
Entscheidung, und dies allein: nicht mehr und nicht weniger.

Wenn die Vereinigten Staaten nur zu beweisen vermögen,
dass ihr Anspruch einer richtigen Auslegung des Vertrages am
meisten entspreche, so wird zugestanden, dass der Spruch
zu ihren Gunsten lauten solle. Um wie viel mehr dann, wenn
sie beweisen, dass ihre Auslegung die einzige ist, welche der
Vertrag zulässt!

WIE UNSERE ERÖRTERUNG GEFÜHRT WERDEN SOLL.

In dem Gange dieser Erörterung werde ich nie ver-
gessen, dass die Wiederherstellung der Freundschaft unter den

in Zwist gerathenen Mächten der Zweck des Schiedsverfahrens
ist. Nichts, was nach der Auswechselung der Ratificationen
des Vertrages geschrieben worden ist, vermag dessen Worte
zu ändern oder auf dessen Auslegung zu wirken. Ich werde
also, wenigstens für jetzt, jedes Eingehen auf einen Schriften-
wechsel ablehnen, welcher seit jener Epoche stattgefunden hat,
ausser soweit es nothwendig ist, um zu erklären, weshalb es
zu einem Schiedsverfahren gekommen ist. Ich werde so den
Vortheil gewinnen, den Gegenstand zu behandeln einfach als
eine Untersuchung zur Feststellung der Wahrheit.

Da die Willensmeinung der vertragschliessenden Theile
auf der Kenntniss beruhen muss, in deren Besitz sie sich zur
Zeit des geschlossenen Vertrages befanden, so werde ich von
den Seekarten und geographischen Erforschungen Gebrauch
machen, welche wirklich oder angeblich unsere Kenntniss
von dem fraglichen Gebiet gefördert haben, und welche älter
sind als jenes Datum. Von solchen Seekarten habe ich nur
sechs gefunden (Anlage A – F). Obwohl sie von sehr ungleichem
Werth sir,' lege ich doch im Interesse der Unparteilichkeit
und Volls   keit photographische Abdrücke oder Extracte
von allen vor. Von Seekarten und Erforschungen späteren
Datums war es mein Wunsch, überhaupt gar keinen Gebrauch
zu machen. Allein, wie sich im Verlauf ergeben wird, würde
in diesem Falle keine einzige Seekarte da sein, auf welcher
der von der Britischen Regierung beanspruchte Canal unter
dem Namen der »Meerenge von Rosario« zu finden wäre. Nur
zu dem Zweck, um eine Entscheidung zu ermöglichen, bin ich
genöthigt, eine spätere Seekarte beizufügen, auf welcher jener
Name Platz gefunden hat. Diese Seekarte weist zugleich die
Länge, Breite und Tiefe der bezüglichen Canäle nach.

Meine Aufgabe ist nunmehr eine leichte. Ich habe nur die
Willensmeinungen der vertragschliessenden Theile zu ent-
wickeln aus der Geschichte des Vertrages, und dessen Worte
auszulegen nach den anerkannten Grundsätzen des Völkerrechts,

Geographische Breitengrade als gewohnheitsmässige Grenzbestimmungen Englischer Colonien in Nordamerika.

Ein Breitengrad, in der Ausdehnung vom Atlantischen zum Stillen Ocean, war eine übliche Grenzbestimmung, welche England für seine Colonien in Nordamerika eingeführt hatte. So begrenzte die Charte, welche Jacob I. im Jahre 1620 der Plymouth-Gesellschaft für Neuengland gewährt hatte, deren Landgebiet durch die Parallelen des 48sten Grades und des 40sten Grades nördlicher Breite »durch das ganze Festland von der See zur See«. Die Charte Carls I. für Massachusetts von 1628 setzte in gleicher Weise als Nord- und Südgrenze geographische Breitengrade, laufend von der See zur See. Appendix. p. 6 l. 11-17. p. 6. l. 24-27.

So lautete auch das alte Patent von Connecticut: so die Charte für Connecticut, verliehen von Carl II., 1662. Die von demselben König a. 1663 den Grundherren (Lords Proprietors) von Carolina ertheilte Charte nahm als deren Nordgrenze den 36sten Grad, als deren Südgrenze den 31sten Grad nördlicher Breite an, »und so weitlich in grader Linie bis zur Südsee«. Dieselbe Regel wurde von Georg II. befolgt in der Charte für Georgia von 1732; und ebenso gab Georg III. 1761 jener Colonie die amtliche Bezeichnung als sich erstreckend nach Breitengraden »westwärts in geraden Linien« bis zum Stillen Meer. p. 7. l. 7-10. p. 7. l. 16-18. p. 7. l. 29-31.

Dieselbe Regel fortgesetzt in dem Friedensvertrag von 1782.

In der ersten Convention zwischen den Vereinigten Staaten von Amerika und Gross-Britannien, unterzeichnet zu Paris am 30. November 1782, wurde die nördliche Grenzlinie der Vereinigten Staaten durch die grossen Ober-Seen bis zu dem nordwestlichsten Punkt des Wälder-See's (Lake of the Woods) Appendix. No. 1. p. 8.

gezogen. Für den Fall, dass von jenem Punkt die Grenzlinie
weiter zu führen sei, schreibt der Vertrag, (unter Befolgung
der Präcedenzfälle des vorangegangenen Jahrhunderts vom Gesichtspunkt der Colonisation und der Fürsorge für Regelung
der Zukunft) »eine gerade Linie nach Westen« *(a due west
course)* vor.

Dieselbe Regel, angewandt auf die Grenze von Louisiana.

Appendix No. 5
p. *

Durch den Vertrag zwischen den Vereinigten Staaten
und der Französischen Republik vom 30. April 1803 kamen
die ersteren in Besitz der Colonie und des Gebiets von Louisiana
»für immer und zu voller Souveränetät«.

Kaum hatten die Vereinigten Staaten diese Erwerbung
gemacht, als sie eine Untersuchungs-Expedition aussandten,
welche die Welt mit dem Felsengebirge *(Rocky Mountains)*
bekannt machte, sowie mit den Armen des Flusses Oregon, in
dessen Mündung ebenfalls ein Amerikanischer Schiffer zuerst ein-
gefahren war.

Durch die Erwerbung Louisiana's wurde die Amerikanische Republik nunmehr Nachbarin von Gross-Britannien,
als dem Souverän des Gebietes der Hudson-Bay, in weiterer
Richtung nach Westen; und die beiden Mächte nahmen bald
die Gelegenheit wahr, ihre Scheidungslinie westlich des Wälder-
See's in Betracht zu ziehen. Die Vereinigten Staaten hätten
beansprucht können und hätten vielleicht nach dem Vertrag
von 1782 beansprucht sollen, dass die Grenzlinie »gerade
westlich« von »dem nordwestlichsten Punkt des Wälder-See's«
weitergeführt werde. Jener Punkt ist nahe dem 50sten Grade.

Appendix No. 6.
p. 9.

Die Vereinigten Staaten gaben indessen ihre Zustimmung zu
dem 49sten Grad. Bezüglich der Fortsetzung der Grenzlinie hatte

Appendix No. 7.
p. 9. 10.

unser Staatssecretär Mr. Madison allerdings das Bedenken, dass
eine Durchführung in gerader Linie Spanien verletzen könne.

Für das Verhältniss zwischen Amerika und Britannien kamen indessen beide Theile überein, unter Befolgung der Worte des Vertrages von 1782, dass die Grenzlinie an jenem Breitengrade »in einer gerade westlichen Richtung *(in a due west course)* bis zu dem Felsengebirge *(Rocky Mountains)*« weiterlaufen solle. Im Jahre 1807 würde dies Uebereinkommen ratificirt worden sein; aber die bekannten von Berlin und Mailand datirten Schifffahrtsdecrete des Kaisers Napoleon störten den Seefrieden, und die Geheimraths-Orders von Grossbritannien, welche schliesslich einen Krieg mit den Vereinigten Staaten provocirten, führten einen Aufschub herbei.

Appendix. No. C. p. 9, l. 1—2

Als dann im Jahre 1815 die Friedensbedingungen in das Reine zu bringen waren, hatten die Bevollmächtigten Amerikas bezüglich der Nordwestgrenze von ihrer Regierung die Instruction erhalten, »zu keinem Anspruch Grossbritanniens auf ein Gebiet in jener Region südlich des 49sten Breitengrades ihre Zustimmung zu geben«; und sie haben genau an ihren Instructionen festgehalten.

Appendix. No. 50. p. 56.

Zu entsprechender Zeit wurden nun auch die Verhandlungen erneuert, die im Jahre 1807 zu einem Uebereinkommen geführt hatten, und am 20. October 1818 wurde der 49ste Breitengrad angenommen als die Grenzlinie zwischen den beiden Staaten, fortlaufend bis zu dem Stony, oder — wie wir es jetzt gewöhnlich nennen — zu dem Felsengebirge *(Rocky Mountains)*. Die Fortsetzung der Grenzlinie von jener Bergkette ab bis zu dem Stillen Ocean fand sich Amerika bereit — zum Theil aus Achtung für die Ansprüche Spaniens — auf einen Zeitraum von 10 Jahren zu verschieben.

Convention with G. Britain, Oct. 20, 1818. Art. 1. 2. 3.

DIE VEREINIGTEN STAATEN ERWERBEN DIE ANSPRÜCHE SPANIENS NÖRDLICH VOM 42STEN GRADE.

Spanische See-Abenteurer haben zuerst die Nordküste des Stillen Meeres erforscht. Hernando Cortes hatte das Werk begonnen. Die Meerenge von Fuca führt ihren Namen von einem Griechischen Seefahrer in Spanischen Diensten im Jahre 1592. Perez, ein Spanier, dessen Forschungen sich bis zum 54sten Grad nördlicher Breite erstreckten, entdeckte 1774 den Nootka-Sund. Im nächsten Jahr gelangte Bodega y Quadra bis zum 58sten Grad. Am 15. August 1775, auf der Rückkehr von Nootka, nahm Heceta zuerst von der Mündung des Flusses Oregon Kenntniss, jedoch ohne einzulaufen. In den Jahren 1789, 1790, 1791, ehe ein Brittischer Kiel in die Meerenge von Fuca eingelaufen war, hatte eine Reihe von Spanischen Seefahrern, Martinez, de Haro, Eliza, Fidalgo, Quimper und Andere, die jetzt sogenannte Vancouver Insel und die östlich davon gelegenen Gewässer erforscht, und Karten davon gezeichnet.

Appendix, No 12. p. 13. Als Vancouver am 29. April 1792 die Meerenge von Fuca passirte und in diese Gewässer einlief, traf er zu seinem grossen Verdruss auf Spanische Schiffer, welche sie bereits erforscht hatten, und welche ihm eine, das Jahr zuvor von Spanischen Offizieren entworfene Karte jener Region vorlegten.

Tratado de Limites Entre S. M. Ca. y los Estados unidos de America. Art. 3 Durch den Vertrag Spaniens mit den Vereinigten Staaten vom 22. Februar 1819 »cedirte nun Seine Katholische Majestät den Vereinigten Staaten alle seine Rechte, Forderungen und Ansprüche auf alle und jede Territorien nördlich des 42sten Breitengrades von dem Arkansas-Fluss bis zu dem Stillen Ocean«.

Die Gewohnheit der Grenzbestimmungen nach einem geographischen Breitengrad erhielt so eine neue Bestätigung, und die Vereinigten Staaten wurden so alleinige Rechtsnachfolger in alle Ansprüche und Rechte, welche Spanien in Nordamerika erworben hatte nördlich des 42sten Grades und über den 49sten Grad hinaus.

Mr. Huskisson erhebt Einwendungen gegen die Theilung der Vancouver Insel.

Als der Ablauf der im Vertrag von 1818 vorbehaltenen zehnjährigen Frist näher rückte, lud Mr. Canning, Staatssecretär der Auswärtigen Angelegenheiten in Grossbritannien, am 20. April 1826 die Amerikanische Regierung ein, die (1824 vergeblich versuchten) Verhandlungen zur Feststellung der Grenzen an der Nordwestküste von Amerika wieder aufzunehmen. Jener Zeit war John Quincy Adams Präsident der Vereinigten Staaten, mit Henry Clay als Staatssecretär. Die Verhandlung wurde Amerikanischerseits durch Albert Gallatin in London geführt. Die Ansprüche der Vereinigten Staaten waren inzwischen von Neuem verstärkt durch die Rechtstitel sowohl Frankreichs als Spaniens, welche ihren ursprünglichen Ansprüchen aus nachbarlicher Lage und aus Entdeckungsrecht hinzugetreten waren. Dennoch blieben sie ihrem Grundsatz der Mässigung getreu, und nochmals wurde beschlossen, auf dem Gebiet nördlich des 49sten Grades, welches Spanien abgetreten hatte, nicht unbedingt zu bestehen. »Im Geist des Zugeständnisses und Compromisses, welchen er von Grossbritannien anerkannt und erwiedert zu sehen hoffe,« ermächtigte der Staatssecretär Clay am 19. Juni 1826 Mr. Gallatin vorzuschlagen: »die Erstreckung der Grenzlinie am 49sten Breitengrad von den Stony Mountains bis zum Stillen Meer.« »Dies,« fügte er hinzu, »ist unser Ultimatum, und Sie mögen es als solches ankündigen. Wir können keiner, Grossbritannien günstigeren Linie zustimmen.« In dem darauf folgenden August wiederholte Mr. Clay Herrn Gallatin: »Der Präsident kann nicht die Zustimmung geben, dass die Grenze an der Nordwestküste südlich des 49sten Grades sein sollte.«

Am 22. November 1826 bemerkte Mr. Huskisson, einer der Britischen Bevollmächtigten, gegen die von den Vereinigten Staaten vorgeschlagene gerade Linie: eine solche werde den unteren Theil der Vancouver Insel abschneiden, und sei deshalb

Appendix. No. 8.
p. 10.

Appendix. No. 9.
p. 11.

Appendix. No. 9
p. 12. l. 5—7.

Appendix. No. 10.
p. 12.

B*

ganz unzulässig. — Hier findet sich die erste Andeutung einer
Grenzlinie des 49sten Grades bis zum Stillen Meer, mit gerade
so viel Abweichung, um das südliche Ende der Vancouver
Insel Grossbritannien zu belassen.

Appendix. No. 11.
p. 13

Darauf replicirte Mr. Gallatin, 9 Tage später, dass «die
Vereinigten Staaten an dem 49sten Grad festhalten würden als
einer Basis.» Indessen, da dies die Vancouver Insel in einer
unbequemen Weise durchschneide, habe er die Absicht, jene
südliche Spitze der Insel gegen ein Aequivalent nördlich vom
49sten Grad auf dem Festland auszutauschen. Hier ist die
erste Andeutung der Möglichkeit, auf Seite der Vereinigten
Staaten, von der Grenzlinie des 49sten Grades abzugehen, aber
nur soweit, um Grossbritannien die südliche Spitze der Vancouver Insel zuzugestehen im Austausch für ein volles Aequivalent.

Inzwischen fand sich, dass dem Interesse der Hudson-
Bay-Company besser gedient wurde, wenn man die ganze
Region für den Pelzhandel offen liess, und die Vereinigten
Staaten hatten ihrerseits keinen Grund, die Grenzberichtigung

Convention with
G. Britain August
6. 1827.

zu übereilen. Der Amerikanische Gesandte gab daher 1827 seine
Zustimmung zu einer Verlängerung des Vertrages von 1818,
jedoch mit dem Vorbehalt eines Widerrufs von beiden Seiten
nach vorheriger Kündigung mit 12monatlicher Frist. In Gemässheit dieses Abkommens ruhte die Jurisdictions- und Grenzstreitfrage nahezu 16 Jahre.

LORD ABERDEEN UND MR. EVERETT ERÖRTERN DIE NORD-WESTGRENZE.

Appendix. No. 13.
p. 14.
No. 14. 15. p. 15.

Im October 1842 sprach der Graf von Aberdeen (welcher
durch Vermittelung des Lord Ashburton kurz zuvor unsere
Nordostgrenze von dem Wälder-See bis zum Atlantischen
Ocean festgestellt hatte), Herrn Everett, damaligem Amerikanischen Gesandten zu London, den lebhaften Wunsch aus,

er möge Instructionen zur Feststellung der Grenze zwischen beiden Ländern am Stillen Ocean erhalten.

Amerikanische Auswanderer hatten bereits angefangen, ihren Weg zu Fuss quer durch das Festland zu finden. 1843 hatten sich 1000 Auswanderer, bewaffnete Männer, Frauen und Kinder, mit Wagen und Vieh an der Westgrenze von Missouri zusammengefunden, und wanderten durch die Ebenen und Bergpässe auf das fruchtbare Thal von Willamette im Oregongebiet zu. Die Fähigkeit Amerikas, seine Rechtsansprüche durch Besitznahme zu erzwingen, wuchs mit jedem Jahre. Aber seine wachsende Macht änderte nicht seine Grundsätze der Mässigung. Um dem Wunsch Lord Aberdeen's entgegen zu kommen, sandte die Regierung der Vereinigten Staaten am 9. October 1843 Herrn Everett die nöthigen Vollmachten mit folgender Instruction: *Appendix, No. 10, p. 16.*

> »das Anerbieten des 49sten Breitengrades mag noch einmal gestellt werden, mit dem Vorbehalt der Schifffahrt auf dem Columbia zu gleichen Rechten.«

Am 29. November 1843, bald nach dem Eintreffen der Vollmachten für Mr. Everett, hatte er und Lord Aberdeen eine sehr lange und wichtige Unterredung über die Oregon-Frage. Da die Zugeständnisse Lord Aberdeens eine Aufforderung zu enthalten schienen, die äussersten Abänderungen auszusprechen, welche die Vereinigten Staaten an ihrem früheren Vorschlag zulassen könnten, so berichtet Mr. Everett, dass er Folgendes erklärt habe: *Appendix, No. 19. p. 19. p. 20. l. 25—27.*

> »ich sprach die Meinung aus, der Präsident würde zu bewegen sein, so weit von dem 49sten Grad abzugehen, um die ganze Vancouver Insel England zu überlassen, während jener Breitengrad uns die Südspitze jener Insel und folgeweise die Beherrschung der Meerenge von Fuca auf beiden Seiten gewähren würde. Ich zeichnete sodann auf einer Karte den Umfang dieser Concession, und Lord Aberdeen erwiederte, dass er es in Erwägung nehmen würde.« *p. 20. l. 31—36. p. 21. l. 1—3.*

Appendix.
p. 21—22. Am folgenden Tage kam Mr. Everett in förmlicherer Weise auf den Gegenstand zurück in einer Note an den Britischen Staatsminister:

»46 Grosvenor Place. 30. November 1843.

Mein lieber Lord Aberdeen . . . .

Es ergiebt sich aus Mr. Gallatin's Correspondenz, dass . . . Mr. Huskisson Einwendungen erhoben hat gegen die Grenzlinie des 49sten Grades bis zum Stillen Meer, insbesondere aus dem Grunde, weil dies die Südspitze von Vancouver Insel wegschneiden würde. Mein Vorschlag von gestern würde diesem Einwurf begegnen . . . . Ein Blick auf die Karte zeigt die Wichtigkeit desselben als einer Modification des 49sten Grades . . . .

Edward Everett.«

Appendix, No.20.
p. 22—24. Am 2. Februar und am 1. April 1844 berichtet Mr. Everett, wie er fortdauernd bei Lord Aberdeen darauf bestehe, dass die einzige Modification, zu deren Annahme nach seiner Meinung die Vereinigten Staaten zu bewegen sein wür- s. 18. l. 32—33.
p. 25. l. 39—40 den, die sei: ihren Anspruch auf die Südspitze der Vancouver Insel fallen zu lassen, und dass Lord Aberdeen immer gleich- mässig geantwortet habe: »er glaube nicht, dass die Beilegung der Streitfrage viel Schwierigkeit finden werde«.

Während der folgenden Monate hatten Mr. Everett und Lord Aberdeen, beide mit dem aufrichtigen Wunsch, den Streit beizulegen, fernerhin häufige Unterredungen, und als deren Gesammtresultat berichtete Mr. Everett: England würde nicht den nackten 49sten Breitegrad bis zum Ocean annehmen, würde aber der Grenzlinie des 49sten Grades zustimmen, vorausgesetzt dass solche so modificirt werden könnte, um Grossbritannien die Südspitze der Vancouver Insel zu belassen. »Ich habe keine Appendix No.22.
p. 26. l. 23—27. Mühe gespart,« schrieb Mr. Everett am 28. Februar 1845. »um Lord Aberdeen die feste Ueberzeugung zu geben, dass das Aeusserste, was die Vereinigten Staaten zugestehen können, der 49ste Grad mit der vorgeschlagenen Modification ist; wobei

ich stets Sorge trug hinzuzufügen: ich sei nicht autorisirt zu sagen, dass selbst jene Modification genehmigt werden würde.«

Für eine Thatsache insbesondere rufe ich die Aufmerksamkeit des Kaiserlichen Schiedsrichters an. Nicht den geringsten Raum für einen Zweifel hatte Mr. Everett gelassen in Bezug auf die Ausdehnung der vorgeschlagenen Modification. Er hatte sie Lord Aberdeen auf der Karte so klar bezeichnet, und hatte dessen Aufmerksamkeit so oft und so sorgfältig darauf gerichtet, dass über die Grenze der vorgeschlagenen Concession kein Missverständniss sein konnte. Mr. Everett trat aus dem Amt mit der vollen Ueberzeugung, dass die Nordwestgrenze geordnet sein würde, sobald nur die Vereinigten Staaten ihre Zustimmung dazu geben würden, von dem 49sten Breitengrad so weit abzuweichen, um Grossbritannien die ganze Vancouver Insel zu belassen.

Die Flugschrift des Mr. Sturgis.

Der Gegenstand zog in dieser Zeit die öffentliche Aufmerksamkeit auf sich. Mr. William Sturgis, ein angesehener Bürger der Vereinigten Staaten, der mehrere Jahre an der Amerikanischen Nordwestküste verlebt hatte, hielt am 22. Januar 1845 in Boston eine Vorlesung über die damals sogenannte Oregon-Frage. Genau zusammentreffend mit der Idee Mr. Everett's schlug er als Grenze vor: »eine Fortsetzung des 49sten Grades durch die Rocky Mountains bis zu dem Fahrwasser (*tide-water*), d. h. bis zur Mitte des Golf von Georgia, von dort durch die nördlichste schiffbare Durchfahrt (nicht über den 49sten Grad nördlich hinaus) bis zur Meerenge von Juan de Fuca und durch die Mitte dieser Meerenge herab bis zum Stillen Ocean: die freie Schifffahrt auf dem Golf von Georgia und der Meerenge von Fuca beiden Theilen für immer vorbehalten: — alle Inseln und sonstiges Gebiet südlich und östlich von dieser Linie soll den Vereinigten Staaten, alles nördlich und westlich liegende Grossbritannien zugehören. Durch dies

Appendix. No. 21. p. 24. 25.

Abkommen würden wir Grossbritannien den Theil von Quadra und Vancouver's-Island nachgeben, welcher südlich des 49sten Grades liegt ... Würde Grossbritannien dem beistimmen? Ich glaube es wird.«

Die Flugschrift des Mr. Sturgis, begleitet von einer Karte, auf welcher die vorgeschlagene Grenze gezeichnet ist, wurde von Lord Ashburton und Lord Aberdeen gelesen. Einem Manne, der sich des Vertrauens beider Regierungen im hohen Maasse erfreute, bezeichnete Lord Aberdeen die Schrift als »eine klare und verständige *(sensible)* Ansicht von der Sache«. Lord Ashburton, dessen Meinung über den Gegenstand das grösste Gewicht hatte, schrieb an Mr. Sturgis: »Ihre Abhandlung setzt mich in den Stand, täglich die zehnmal an mich gerichtete Frage zufriedenstellend zu beantworten, wo ist der Oregon? und um was dreht sich dieser Streit? Sie haben den Streitfall auf wenigen Seiten deutlich förmulirt, und was in der That ungewöhnlich ist, mit grosser Unparteilichkeit.«

Appendix, No. 26. p. 59, l. 3.

Appendix, No. 25. S. 2 l. 7—11

Mr. Buchanan verhandelt mit Mr. Pakenham.

In der Zwischenzeit war die Verhandlung über die Oregon-Frage dem neuen Britischen Gesandten zu Washington übertragen worden. Anerbietungen zu einem Schiedsverfahren waren verworfen. Die zunehmende Auswanderung quer durch die Ebenen stellte die Gründung von Staaten am Stillen Meer in Aussicht. Der Congress der Vereinigten Staaten ging mit Vorschlägen um, die Einsetzung einer Territorial-Verwaltung in Oregon vorzubereiten. Als das Ministerium Mr. Polk's in das Amt trat, waren alle Parteien in Amerika einstimmig darin, auf einer Grenze zu bestehen, welche wenigstens den 49sten Grad gewähre; während eine sehr grosse Zahl, anscheinend die grösste Zahl, für Amerika die Zeit gekommen glaubte, um als Erbe Spaniens seine Ansprüche über den 49sten Grad hinaus zu erstrecken. Die neue Verwaltung wollte indessen

die Grundsätze der Mässigung nicht verlassen, welche die Politik des Landes gekennzeichnet hatten.

Es war inzwischen für beide Theile die geographische Lage näher aufgeklärt worden. Im Juli 1841 hatte Capitain Wilkes eine Aufnahme von den Gewässern südlich des 49sten Grades, insbesondere von dem Canal von Haro gemacht, und im Anfang des Jahres 1845 seinen Bericht mit Karte sowohl in Amerika wie in England veröffentlicht. Die Amerikanische Regierung konnte auf Grund dieser Information voraussetzen, dass Grossbritannien die Grenzlinie des 49sten Grades mit der kleinen Modification für die Südspitze der Vancouver-Insel annehmen werde. Sie machte nunmehr am 12. Juli 1845 dem Britischen Minister zu Washington den Vorschlag,

Appendix No. 27 p. 31.

Appendix No. 28. p. 31.

> »dass das Oregon-Gebiet zwischen den beiden Staaten getheilt werden soll durch den 49sten Grad nördlicher Breite von den *Rocky Mountains* bis zum Stillen Ocean; zugleich mit dem Anerbieten, Grossbritannien jeden Hafen zu öffnen *(to make free any port or ports)* auf der Vancouver's-Insel südlich dieses Grades, welchen die Britische Regierung wünschen möchte.«

Ein wohlmeinender Geist gab diesen Vorschlag ein, von welchem man aufrichtig hoffte und erwartete, er werde sich »als die Grundlegung eines dauernden Friedens und der Eintracht« zwischen beiden Ländern erweisen.

Dieser Vorschlag, welcher durch seine Mässigung überraschte, wurde aber von dem Britischen Bevollmächtigten zu Washington verworfen. Sogar ohne Berichterstattung an das Ministerium in England liess derselbe die Verhandlung seinerseits fallen, indem er das Vertrauen aussprach, die Vereinigten Staaten würden »irgend einen weiteren Vorschlag zur Beilegung der Oregon-Frage« machen. In Folge der so erhaltenen Antwort zog der Amerikanische Staatssecretär den von ihm gemachten Vorschlag zurück.

Appendix No. 29. p. 32.

Appendix No. 30. p. 32

Als Lord Aberdeen von dieser hastigen Verwerfung des

Appendix No. 31
32. p. 31—36 Amerikanischen Vorschlags hörte, lud er Mr. MacLane, den neuen Amerikanischen Gesandten in London, zu einer Unterredung ein, über welche Mr. MacLane folgendes berichtet:

p. 31. l. 11—29 Lord Aberdeen bedauerte nicht nur, sondern tadelte die Verwerfung unseres Vorschlags durch Mr. Pakenham ohne Berichterstattung an seine Regierung. Er erklärte, dass wenn Mr. Pakenham den Amerikanischen Vorschlag seiner Regierung, wie es sich gehört, mitgetheilt hätte, so würde er (Lord Aberdeen) den Vorschlag als Grundlage seines Vorgehens aufgenommen haben, und er hege kaum einen Zweifel, dass es ihm gelungen sein würde, solche Modificationen vorzuschlagen, welche auf eine für beide Theile zufriedenstellende Beilegung des Streits hinausgelaufen wären.

Nicht nur im Privatgespräch erfuhr das Verhalten Mr. Pakenham's Tadel: Lord Aberdeen tadelte es in dem Hause Appendix No. 34. p. 37. l. 28 der Lords. In der Unterhaussitzung Freitag den 23. Januar 1846 verurtheilte es Lord John Russell als »ein übereiltes *(hasty)* Verfahren«. Sir Robert Peel erhielt Beifallsrufe, als p. 38. l. 15—18 er an demselben Abend bemerkte: »es wäre besser gewesen, jenen Vorschlag der heimischen Regierung zur Erwägung zu übersenden; wenn an sich ungenügend befunden, hätte der Vorschlag möglicherweise die Grundlage für weitere Propositionen gebildet.«

Als demnächst die Wiedereröffnung der Verhandlung dem Ministerium Robert Peels selbst zufiel, wurde der Minister von dem Hause mit lautem Beifall begrüsst, als er eine Verpflichtung für sein eigenes künftiges Verhalten durch folgende Worte übernahm:

p. 38. l. 21—28 »ich meine, es würde das grösste Missgeschick sein, wenn ein Streit über den Oregon zwischen zwei solchen Mächten wie England und die Vereinigten Staaten mit Mässigung und Vernunft nicht zu einem vollkommen ehrenvollen und zufriedenstellenden Schluss gebracht werden könnte.«

ENDLICHER VORSCHLAG DES EARL OF ABERDEEN.

Lord Aberdeen gestand zu, dass es jetzt ihm obliege, eine friedliche Lösung des langen Streits zu proponiren. Mr Everett hatte ihm keinen Zweifel übrig gelassen in Betreff der äussersten Abweichung von dem 49sten Grad, welche die Vereinigten Staaten unter der abgetretenen Verwaltung hätten zugestehen können. Der einzige Zweifel war jetzt: ob die Vereinigten Staaten noch gesonnen sein würden, so viel nachzugeben. Die schroffe Verwerfung des Vorschlags Buchanans hatte die Bevölkerung aufgeregt und die Meinungen vereinigt. Mr. Calhoun, der ehemalige Staatssecretär und das bedeutendste Senatsmitglied der einen Partei des Landes, erklärte sich im Senat für den 49sten Grad als Grenzlinie. Mr. Webster, der frühere Staatssecretär, welcher mit Lord Ashburton die Nordostgrenze vereinbart hatte, sagte wiederholt so deutlich, wie er sprechen oder seine Worte niederschreiben konnte, dass England südlich des 49sten Grades nichts zu erwarten habe. Alle diejenigen Congressmitglieder, welche abweichender Meinung waren, Mr. John Quincy Adams, ehemaliger Präsident der Vereinigten Staaten, Mr. Cass, späterer Staatssecretär, Mr. Sevier, damals Vorsitzender des Ausschusses der Auswärtigen Angelegenheiten, stritten nicht etwa für weniger als den 49sten Grad, sondern kraft des Erbrechts von Spanien für viel viel mehr. Die öffentliche Stimme auch in England erhob sich jetzt für den 49sten Grad. Mr. Bates, ein Amerikaner, der in Grossbritannien durch Parlaments-Acte naturalisirt, bei beiden Regierungen grosses Vertrauen besass, schrieb von London: »Der 49ste Grad bis zur Meerenge die Vancouverlnsel an Grossbritannien überlassen, ist, wie ich meine, so viel, wie jeder Amerikaner, sei er von Boston oder Carolina, aufzugeben einwilligen wird. Ist Grossbritannien damit nicht zufriedengestellt, so mag es Krieg haben, wenn es danach verlangt.«

Die Britische Regierung suchte nunmehr eifrig zu erfahren, welches Anerbieten die Amerikanische Regierung wohl

Appendix No. 35 p. 39 l. 16–20

p. 37 l. 21–26

p. 10 l. 4. 7

p. 10 l. 8. 21

p. 10 l. 22. 26

p. 41

Appendix No. 36 p. 41. Appendix No. 37 p. 36

p. 35 l. 41. 42

annehmen würde, und die letztere gab noch einmal einen Beweis ihrer Festigkeit durch ihre Mässigung. Zur Wahrung der Rechte des Landes beschloss der Congress die zwölfmonatliche Kündigung an Grossbritannien, welche vertragsmässig erforderlich war, um die Uebereinkunft von 1827 zu beenden, und um so die nordwestliche Region dem Fortschritt nordamerikanischer Civilisation zu öffnen. In der Zwischenzeit, am 26. Februar 1846, ertheilte Mr. Buchanan die verlangte Antwort dahin:

Appendix No. 37.
p. 43, l. 7—9. 17

der Präsident werde genehmigen, den Senat zur Berathung über den Vorschlag zu veranlassen, das Gebiet zwischen den beiden Staaten zu theilen »durch den 49sten Grad und die Meerenge von Fuca,« so dass »das Cap von Vancouver's Island Grossbritannien überlassen würde.«

Dies war genau der Vorschlag Mr. Everetts.

Am 15. Mai 1846 erhielt das Englische Ministerium in

Appendix No. 42.
p. 46, l. 15—18, 21.

London die Zustellung der Kündigung des Vertrages von 1827. Ich darf hier nochmals daran erinnern, was vorangegangen war. Vier Jahre hindurch war Lord Aberdeen bemüht gewesen, diesen Grenzstreit zum Abschluss zu bringen. Er hatte privatim und öffentlich seinen Untergebenen, Mr. Pakenham, wegen Zurückweisung des vorgeschlagenen 49sten Breitengrades getadelt. Er hatte sich bemüht, zu erfahren, welche Abweichung von jenem Grade den Vereinigten Staaten annehmbar sein möchte. Der Staatssecretär, nach einer sorgfältigen Nachfrage über das wahrscheinliche Votum des Senats, hatte versprochen, das Anerbieten der durch Mr. Everett proponirten Linie nicht kurzweg zu verwerfen, und dem Verlangen nach weitergehenden Zugeständnissen kein Gehör zu schenken. Dies war der Britischen Regierung förmlich mitgetheilt durch Mr. MacLane, den amerikanischen Gesandten zu London.

p. 46, l. 23, 27.

Und nun, innerhalb zweier Tage nach Empfang der Benachrichtigung über die Kündigung des Vertrages von 1827 hielt Lord Aberdeen eine ausführliche Conferenz mit Mr. Mac-

Lane, in welcher die **Natur** des gemachten Vorschlags von dem _{p. 47. l. 1—2.}
Gesichtspunkt einer freundschaftlichen Beilegung der Oregon-
Frage »den Gegenstand einer ausführlichen und freien Be-
sprechung« bildete. Mr. MacLane war' ein ruhiger und er-
fahrener Staatsmann, gebildet im Geschäftsleben, genau im
Gebrauch seiner Worte, sorgfältig insbesondere in der Wieder-
gabe des von Anderen Gesagten. Lord Aberdeen sprach im _{Appendix No. 45.}
Hause der Lords öffentlich seine Hochachtung für ihn aus, _{p. 51. l. 30—33.}
begründet auf eine fünfzehn- oder sechszehnjährige Bekanntschaft.

Mit dieser Kenntniss des Characters des Mr. MacLane
und des von Lord Aberdeen in ihn gesetzten Vertrauens bitte
ich den Kaiserlichen Schiedsrichter die Karte des Oregon-
Gebiets von Wilkes zur Hand zu nehmen. Sie war veröffentlicht
worden, ebenso in England wie in Amerika, im Jahre 1845.
Sie war die neueste, die zuverlässigste, die beste Karte über _{Karte F.}
dies Gebiet, und zugleich die einzige vom amerikanischen Senat _{Appendix No. 41.}
anerkannte. Mit dieser Karte in der Hand bitte ich den nach- _{p. 46. l. 6—7.}
folgenden Auszug aus dem amtlichen Bericht Mr. MacLane's
über die Unterredung d. d. 18. Mai 1846 zu lesen.

»Ich habe nun anzuzeigen, dass mit dem Dampfboot _{Appendix No. 42.}
»des morgenden Tages Instructionen an **Mr. Paken-** _{p. 47. l. 3—11.}
»ham übersandt werden sollen, um eine neue und
»weitere Proposition der diesseitigen Regierung zu
»einer Theilung des streitigen Gebiets vorzulegen.
»Das Wesentliche der Proposition wird höchst wahr-
»scheinlich Folgendes sein:

»Erstens: Das Gebiet zu theilen durch Ver-
»längerung der Linie des 49sten Breitengrades bis
»zur See, d. h. nämlich bis zu dem Meeres-Arm Na-
»mens Birch's-Bay, von da durch den Canal De
»Arro und die Meerenge von Fuca bis zum
»Ocean *(by the Canal de Arro and Straits of Fuca to
»the ocean).*« *   *   *   *   *

Es folgen hier andere Clauseln, welche der Hudson-Bay- _{p. 47.}
Company einen zeitweisen Gebrauch des Oregonflusses zur

Schifffahrt gewähren, nebst anderen Vortheilen, so wie Schutz-
maassregeln für die Britischen Unterthanen, welche durch das
Abkommen in überraschender Weise unter die Staatshoheit der
Vereinigten Staaten kommen würden. Auf diese Clauseln bezieht _ich die Wendung »höchst wahrscheinlich«; denn sie
waren noch nicht genau festgestellt. Sie bezieht sich aber nicht
auf die Grenzlinie; denn darüber lässt die weitere Darstellung
Mr. MacLane's in derselben Depesche keinen Zweifel übrig.
Seine Worte sind:

p. 48. l. 25—29.   »Unter unserer früheren Regierung war die Erstreckung
»der Grenzlinie am 49sten Breitengrad zu der Meer-
»enge von Fuca, so wie sie jetzt von Lord Aber-
»deen proponirt wird, von meinem unmittel-
»baren Vorgänger (Mr. Everett) in Vorschlag
»gebracht, als eine solche, von der er meine, seine
»Regierung werde sie wohl annehmen.«

Was nun aber der Vorschlag Mr. Everetts gewesen war,
wissen wir aus den oben gegebenen wörtlichen Auszügen seiner Depeschen: und ich habe schon die Thatsache hervorge-
hoben, dass er die Demarkationslinie auf der Karte gezogen
und speciell die Aufmerksamkeit Lord Aberdeens darauf gerichtet hatte.

Appendix No. 63.   Noch an demselben Tage übersandte Lord Aberdeen den
p. 49.   Vertragsentwurf, zu dessen Unterzeichnung Mr. Pakenham
No. 48. p. 51.   Herrn Buchanan einladen sollte. In der begleitenden Instruc-
l. 4—6.   tion an Mr. Pakenham acceptirte er den 49sten Breitengrad
als den durchgreifenden Grundsatz der Grenzscheide und bezeichnete solche als eine Demarkationslinie, »welche die ganze
No. 45. p. 50.   Vancouver-Insel mit allen ihren Häfen und Rheden
l. 6—7.   in dem Besitz Grossbritanniens belasse.«

Kein Verdacht einer Zweideutigkeit konnte dabei irgend
Jemandem in den Sinn kommen. Unsererseits fand Mr. Benton die Sprache so klar, dass er sie als seine eigene adoptirte.
In seiner Rede im Senat am Tage der Ratification des Vertrages sagte er:

»der erste Artikel des Vertrages ist in denselben Appendix No. 44. p. 50.
»Worten gefasst, welche ich selbst gebraucht haben
»würde, wenn die beiden Regierungen es mir über-
»lassen haben würden, die Grenzlinie zwischen ihnen
»zu ziehen. × × × × × Die durch den ersten
»Artikel festgestellte Linie folgt dem 49sten Breiten-
»grad bis zur See, mit einer leichten Abweichung
»durch die Meerenge von Fuca, zur Vermeidung
»eines Abschneidens der Südspitze der Van-
»couvers-Insel. × × × × × Sobald die Linie
»den Canal erreicht, welcher die Vancouver-Insel vom
»Festlande trennt, geht sie weiter bis zu der Mitte
»des Canals, und von da, mit einer Wendung nach
»Süden, durch den Canal von Haro (auf den
»Karten unrichtig geschrieben Arro) zu der Meerenge
»von Fuca, und dann westlich mitten durch jene
»Meerenge bis zur See. Dies giebt uns × × × ×
»die Inselgruppe zwischen dem de Haro Canal
»und dem »Festland.«

Die Sprache des Vertrages erschien vollkommen klar dem
Senat, dem Präsidenten, seinem Staatssecretär und jedem seiner verfassungsmässigen Rathgeber, als Abweichung von der
Linie des 49sten Grades nur so weit, um das südliche Ende
der Vancouver-Insel nachzugeben, und nicht mehr.

Und so wurde der Vertrag unterzeichnet am 15. Juni
1846, und zur Auswechslung der Ratification nach England
zurückgesandt.

In dem Hause der Gemeinen begrüsste Lord Palmerston
das Abkommen als ein ehrenvolles für beide Länder. Sir Appendix No. 46. p. 54. l. 13. 14.
Robert Peel citirte Stellen aus einer Depesche, welche bewie-
sen, dass er von der dreitägigen Debatte im Amerikanischen
Senat, welche der Genehmigung des Vertrages vorangegangen
war, Kenntniss hatte. Er gab jedes einzelne Wort des Artikels
über die Grenze wieder und interpretirte solchen dahin:

p. 53. l. 31—38.

»Diejenigen, welche sich der Gestaltung des Bodens
in jener Gegend erinnern, werden verstehn, dass das
von uns Vorgeschlagene die Verlängerung des 49sten
Breitengrades darstellt, bis solche auf die Meerenge
von Fuca trifft; dass jener Breitengrad als Grenzlinie
nicht quer durch die Vancouver-Insel fortgeführt
werden sollte, was uns einen Theil der Vancouver-
Insel entzogen haben würde; sondern dass die Mitte
des Canals die zukünftige Grenze sein soll, die uns
so in dem Besitz der ganzen Vancouver-Insel
lässt, mit gleichen Rechten der Schifffahrt in der
Meerenge.«

Mr. Buchanan und Sir Robert Peel. glauben jeden Grund einer Misshelligkeit beseitigt zu haben.

Es war der besondere Zweck Mr. Buchanan's gewesen,
nichts in dem Vertrage übrig zu lassen, was Veranlassung zu
künftigem Streit geben könnte. Auch Sir Robert Peel, an
Appendix No. 46.
p. 54. l. 25—28. dem Vorabend seines Rücktritts von dem Amt, welches er nie
wieder übernehmen sollte, sprach von dem Vertrage als einem
solchen, welcher »das schreckliche Unheil eines Krieges zwischen
zwei Nationen von naher Stammesverwandtschaft und gemein-
samer Sprache abgewendet« habe, und welcher schliesslich
p. 54. l. 34. 35 »jeden Grund einer Misshelligkeit zwischen den beiden Ländern
ein für alle Mal beseitigt habe«. Ganz England und die ganze
p. 55. l. 1—3. Union waren froh in dem Glauben, dass endlich jeder Streit
zwischen den beiden Nationen zu einem glücklichen Schluss
gekommen sei.

Das Ministerium Lord John Russell's erneut den Streit.

Und doch war es nicht so. Mein Vaterland hat ernst-
liche Schwierigkeiten über seine Grenzen mit keiner anderen

Macht gehabt, ausser mit Grossbritannien. Als seine Grenze im Süden mit Spanien durch Vertrag geregelt war, entstand keine Differenz, obwohl die Grenzlinie sich vom Meer bis zum Meere erstreckte. Als später unsere Südgrenze mit Mexico durch einen in den Ortsbezeichnungen höchst unvollständigen Vertrag regulirt war, wurde die Linie durch Commissarien mit unbeschränkten Instructionen unverzüglich in Ordnung gebracht. Mit Grossbritannien allein haben hartnäckige Grenzstreitigkeiten, in einer Ausdehnung vom Golf von St. Lawrence bis zum Stillen Meer, 64 Jahre hindurch störende Einflüsse geübt. Endlich glaubten wir uns durch den Vertrag von 1846 der Ruhe auch von jener Seite versichert. Waren die Bedingungen desselben auch nicht durchweg zufriedenstellend, so nahm doch das Land, in der Hoffnung der Ruhe, freudig und einstimmig das Verfahren seiner Regierung an.

Dennoch, nach einer Ruhezeit von kaum zwei Jahren, wurde der Streit durch das der Verwaltung Sir Robert Peel's folgende Ministerium von Neuem eröffnet. In Gemässheit von Anweisungen Lord Palmerston's erhob der Britische Gesandte zu Washington am 13. Januar 1848 in einem vorgeschlagenen Entwurf zu »Instructionen für eine Grenzberichtigungs - Commission« indirect einen Anspruch,

dass die Grenzlinie in dem Canal gezogen werden solle, durch welchen Vancouver 1792 von der Admiralitätsbucht *(Admiralty-inlet)* nach Birch's Bay gesegelt sei.

Diese Zumuthung war für die Amerikanische Regierung befremdend. Die Geschichte der Vorverhandlung zeigt, dass eine solche Linie weder von der einen, noch von der anderen Seite in Vorschlag gekommen war. Vancouver war ein Entdeckungsreisender, welcher jede Bucht, Bay und Durchfahrt untersucht hat, nicht ein Kaufmann, der die kürzeste, natürlichste und beste Passage suchte. Nichts rechtfertigt eine Bezugnahme auf seinen Schifffahrtscurs von einer Binnenbay zur anderen als die Linie des Vertrages. Diese Unterschiebung

D

Appendix p. 51.
I. 4—6; 22—23

p. 53. I. 16. 17.

p. 54. I. 19 20.

ist in offenem Widerstreit mit dem Völkerrecht. Der Entwurf
des Vertrages war durchweg. selbst bis auf das kleinste Wort.
von dem Britischen Ministerium abgefasst, und war von beiden
Parteien ohne Aenderung unterzeichnet. Das Britische Ministerium kann demgemäss keinen Vortheil von einer etwanigen Zweideutigkeit ziehen, welche von ihr selbst herrührt;
sonst wäre der Entwurf des Vertrages eine Schlinge gewesen.
Das ist der Grundsatz des natürlichen Rechts. das ist das fest-
stehende Recht der Nationen. Schon Hugo Grotius lehrt,
dass die Auslegung gegen Den geschehen soll, der die Be-

II. Grotius de jure
belli et pacis. III.
20. §. 26.

Vattel. Liv. II.
§. 264.

dingungen gestellt hat. (ut contra eum fiat interpretatio. qui
conditiones elocutus est). Niemand aber hat dies klarer aus-
gedrückt als Vattel, welcher schreibt:

«Voici une règle qui compe court à toute chicane:
Si celui qui pouvoit et devoit s'expliquer nettement
et pleinement. ne l'a pas fait. tant pis pour lui: il
ne peut être reçu à apporter subséquemment des
restrictions qu'il n'a pas exprimées. C'est la maxime
du droit romain: pactionem obscuram iis nocere, in
quorum fuit potestate legem apertius conscribere.
L'équité de cette règle saute aux yeux; sa nécessité
n'est pas moins évidente. Nulle convention assurée.
nulle concession ferme et solide, si on peut les rendre
vaines par des limitations subséquentes. qui devoient
être énoncées dans l'acte. si elles étoient dans la
volonté des contractans.»

Ein Wort für die Ehrenhaftigkeit des Ministeriums Sir Robert Peel's.

Kann es wahr sein. dass Sir Robert Peel und Lord
Aberdeen unaufrichtig gewesen wären. indem sie den ernstesten
Wunsch aussprachen. die Grenzfrage in Nordwest-Amerika end-

gültig abzumachen? Hätten sie in den Kern des Vertrages,
welchen sie selbst abgefasst, Worte gesetzt, welche von allen
Amerikanern und von ihnen selbst öffentlich in der einen
Weise ausgelegt, und insgeheim von ihnen in anderer Weise
ausgelegt wurden? Als Sir Robert Peel in der letzten Nacht
seines amtlichen Lebens, im Angesicht politischer Feinde und
Freunde, eine Schlussrechnung über sein Ministerium für das
Urtheil der Nachwelt legte, und in der öffentlichsten und feier-
lichsten Weise erklärte, »dass er jeden Grund der Zwietracht   _{Appendix No. 52.}
zwischen Grossbritannien und den Vereinigten Staaten beseitigt _{p. 54. l. 33—35}
(closed) habe«, hätte er wirklich die Saat bitterer Zwietracht
in das Instrument gelegt, welches er und sein College im Mi- _{p. 55 l. 1. 3}
nisterium als ihr eigenes Werk in Anspruch nahmen und als
eine »Uebereinkunft des Friedens« rühmten?

Meine Hochachtung für Sir Robert Peel und seine Verwaltung verbietet den Gedanken, dass sie irgend eine Zweideutigkeit in den Vertrag gelegt haben, welchen sie selbst
entwarfen. Es haftet an der menschlichen Sprache eine solche
Unvollkommenheit, dass ein scharfsinniger Wortklauber über
den Sinn jeder Proposition streiten mag. Aber die Worte des
gegenwärtigen Vertrages sind in so einziger Weise klar, dass
sie einen Schutz beanspruchen können nach der ersten General-
maxime des Völkerrechts für die Interpretation: »dass es nicht _{Vattel Liv. II 17}
erlaubt ist zu interpretiren, was keiner Interpretation bedarf.« _{§. 263.}

DIE WORTE DES VERTRAGES.

Die Worte des Vertrages lauten wie folgt: _{Appendix No. 1}
»Von dem Punkt an dem 49sten Grad nördlicher   _{p. 3.}
»Breite, wo die in bestehenden Verträgen und Con-
»ventionen festgestellte Grenze endet, soll die Grenz-
»linie zwischen den Territorien der Vereinigten Staaten
»und denjenigen Ihrer Britannischen Majestät fort-
»geführt werden westwärts längs des gedachten 49sten

»Grades nördlicher Breite bis zu der Mitte des Canals,
»welcher das Festland von der Vancouver-Insel trennt,
»und von da nach Süden hin durch die Mitte des
»gedachten Canals und der Meerenge von Fuca bis
»zum Stillen Ocean: Mit dem Vorbehalt indessen,
»dass die Schiffahrt auf dem ganzen gedachten Canal
»und südlich des 49sten Grades nördlicher Breite
»beiden Theilen frei und offen bleibe.«

DIE WORTE DES VERTRAGES IM ZUSAMMENHANG.

Die Sprache des Vertrages, als Ganzes genommen, lässt
nur die Amerikanische Auslegung zu. Der durchgreifende
Grundsatz der Grenze ist der 49ste Grad nördlicher Breite,
und der einzige Grund der Abweichung von jenem Grade war,
die ganze Vancouver-Insel (und nicht mehr) der Macht zu belassen, welche schon im Besitz des grösseren Theil jener Insel
wäre. Um diese Linie kurzverständlich in beiden Ländern aus-
zudrücken, wurde sie bezeichnet als die Linie des »49sten
Grades und der Fuca-Meerenge«. Diese kurze Form des Aus-
drucks „forty-ninth parallel and Fuca-Straits" kehrt vielfältig
wieder in den Depeschen MacLane's, in den Instructionen Buchanan's, in den Briefen Bates's aus London, in einem Artikel
der London Quarterly Review, geschrieben im Februar, veröffentlicht im März 1846, und endlich in der schon citirten
Rede Sir Robert Peel's vom 29. Juni 1846. Die Bezeichnung
der Linie als der »des 49sten Grades und der Fuca-Meerenge«
war nicht nur der Sprachgebrauch des Tages; sie war auch
wohl gewählt für alle Zeiten. Der 49ste Grad ist zu finden,
so lange die Sonne am Himmel scheint, die Fuca-Meerenge
endet an der Südwestspitze der Vancouver-Insel und wird
dort enden bis zu einer etwanigen Erdumwälzung. Wenn der
Name Haro in dem Vertrage nicht namentlich erscheint, so
muss man sich erinnern, dass auch der Name des Golfs von
Georgia nicht vorkommt.

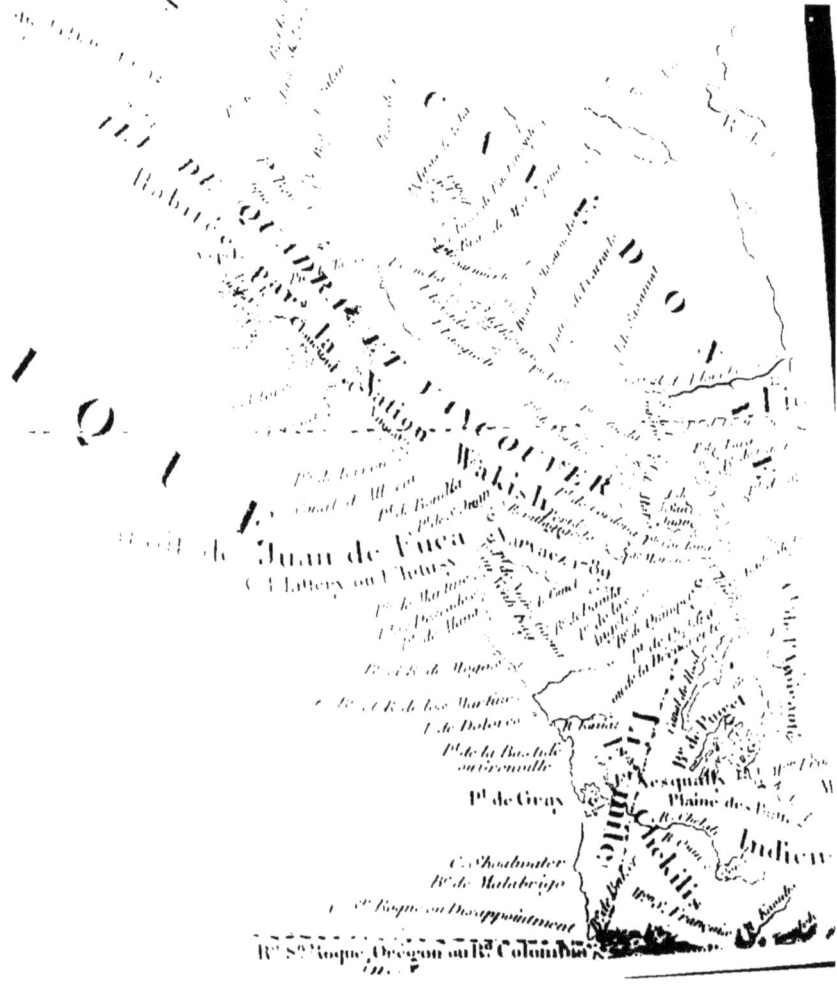

„DER CANAL."

Die beschreibenden Worte als Ganzes genommen bestätigen die Amerikanische Auslegung des Vertrages, und schliessen jede andere aus. Dasselbe Resultat folgt aus der Betrachtung jedes einzelnen Worts. Wenn der Vertrag von »dem Canal« spricht, zur Bezeichnung des Theils südlich und westlich der Birch-Bay, so muss er den Canal von Haro meinen; denn kein anderer »Canal« war den verhandelnden Theilen bekannt. Der Canal von Haro stand auf der Karte Vancouver's, der höchsten Autorität für England, und auf der Karte von Wilkes, der höchsten Autorität für Amerika zur Zeit der Unterzeichnung des Vertrages. Kein anderer Canal ist auf der einen oder anderen Karte genannt, noch auf einer sonstigen Karte, von welcher die verhandelnden Theile Gebrauch gemacht haben. Auf der Seekarte dieser Gewässer, welche Duflot de Mofras 1844 unter Autorität Louis Philipp's und des Französischen Ministeriums veröffentlichte, ist der Canal von Haro genannt und kein anderer. In der Kartensammlung der Königlichen Bibliothek zu Berlin nennt keine einzige deutsche oder andere Karte von älterem Datum als dem Juni 1846 irgend einen anderen Canal als denjenigen von Haro. Wie ist es also möglich, dass ein anderer Canal gemeint sein konnte, wenn kein anderer genannt war auf irgend einer Karte, von welcher man behaupten konnte, sie sei Lord Aberdeen oder Mr. MacLane oder Mr. Buchanan oder Mr. Pakenham bekannt gewesen?

Weiter: wenn das Wort Canal in Verträgen gebraucht wird, bezeichnet es einen tiefen und schiffbaren Canal; und wo zwei schiffbare Canäle vorhanden sind, muss nach der Regel des Völkerrechts der breitesten und wasserreichsten Strasse der Vorzug gegeben werden. Verglichen mit irgend einem anderen Canal, durch welchen ein Schiff von der Stelle des Meeres am 49sten Grade bis zur Meerenge von Fuca passiren kann, ist nun aber der Canal von Haro der breiteste und der tiefste, der kürzeste

Karte II

und der beste. Seine grösste Breite ist 6½ englische Meilen, und neben ihm ist kein anderer Canal, dessen grösste Breite, 4 englische Meilen überschreitet. Die schmalste Stelle des Canals von Haro ist ungefähr 2¼ englische Meilen breit; und neben ihm ist kein anderer Canal, dessen geringste Breite ungefähr 1½ englische Meilen übersteigt.

Bezüglich der Tiefe ist der Contrast noch auffallender. Ein Querschnitt auf 48° 45′ zeigt den Canal von Haro dort annähernd 120 Faden tief, ungefähr zweimal so tief wie jeden anderen. Auf 48° 35′ ist der Canal von Haro nahezu 150 Faden tief, gegen 30 Faden für jeden Nebenbilder. Auf 48° 25′ hat der Canal von Haro nahezu 110 Faden, während keine andere Passage mehr als 40 hat.

In dem Canal von Haro ist nicht nur die Wassermasse gewaltig grösser als in jeder anderen Durchfahrt; ein einziger Blick auf die Karte zeigt auch, dass es der kürzeste und directeste Weg zwischen dem 49sten Grad und der Meerenge von

Appendix No. 48. p. 55, l. 17, 19.

Fuca ist. Duflot de Mofras beschreibt ihn als den notorisch besten.

Wenn der Canal von Haro alle anderen nur überträfe in einem Punkt: wenn er der breiteste wäre, nur nicht der tiefste, oder umgekehrt, oder wenn er der breiteste und tiefste wäre, nur nicht der kürzeste und beste; dann möchte noch Etwas von einem Deckmantel für Spitzfindigkeiten sein. Aber da der Canal von Haro der breiteste und tiefste, und der kürzeste und der beste ist, wie kann es Jemand wagen zu behaupten, dass irgend ein anderer »der Canal« des Vertrages sei?

»Der Canal, welcher das Festland von der Vancouver-Insel trennt.«

Die nächstfolgenden Worte des Vertrages sind: »der Canal, welcher das Festland von der Vancouver-Insel trennt«. Dies kann entsprechend dem Breitengrad 48° 46′ kein anderer als der Canal von Haro sein. Es ist der einzige, welcher von

jenem Breitengrad bis zur Meerenge von Fuca das Festland
von der Vancouver-Insel trennt. Es giebt noch andere Durch-
fahrten, welche Inseln von Inseln trennen, aber kein anderer
trennt das Festland von der Vancouver-Insel. In jener Aus-
drucksweise ist ganz angemessen das Festland zuerst genannt,
weil weit davon im Innern des Festlandes die Grenzlinie be-
ginnt, und weil es das Festland ist, welches die Linie verlässt,
indem sie auf Vancouver zugeht. Wenn man aber von einem
Festland wie Nordamerika spricht, als unterschieden von einer
grossen nahe belegenen Insel: so wird der dazwischen liegende
Haufen kleinerer Inseln, nach allem geographischen Sprachgebrauch, als in dem Festland einbegriffen gelten, und so der
Canal von Haro das Festland von Vancouver scheiden. Wir
wollen aber nicht Worte verschwenden. Niemand kann be-
streiten, dass der Canal von Haro die Ostküste der Vancouver-
Insel bespült, und jene Insel vom Festland trennt.

»Und von da nach Süden hin.«

Die nächsten Worte im Vertrage sind: »And thence southerly.« Die Abweichung vom 49sten Grad nach Süden hin
ist gemacht, um ein Durchschneiden der Vancouver-Insel zu
vermeiden, und muss auf jenen Zweck beschränkt bleiben. Die
Bewegung der Grenzlinie ist stetig nach Westen zum Stillen
Meer. Der Vertrag kennt nur zwei Punkte für den Compass:
»westwärts«, und diese Abweichung von der geraden West-
linie »nach Süden hin« (southerly). Die Abweichung nach
Süden hin muss deshalb immer von der Idee einer westlichen
Richtung begleitet sein, und von zwei Canälen, die in einer
Südwärts-Richtung gehen, muss derjenige, welcher die allge-
meine Westwärts-Richtung der Linie am wenigsten unterbricht,
als Canal im Sinne des Vertrages gewählt werden.

»Durch die Mitte des gedachten Canals und
der Meerenge von Fuca zu dem Stillen Ocean«.

Die nächstfolgenden Worte des Vertrages sind die obigen. Der Vertrag hat also im Auge einen aneinanderhän-

genden, ununterbrochenen Canal bis zu dem Stillen Meer.
Der Canal von Haro und Fuca's Meerenge bilden einen solchen
zusammenhängenden Canal, und ein Blick auf die Karte
wird zeigen, dass kein anderer Canal dieselbe Eigenschaft beanspruchen kann.

So passt denn die Beschreibung des Vertrages als Ganzes auf keinen andern Canal als den von Haro; und jede einzelne Redewendung für sich genommen zielt ebenso auf jenen
Canal, und jenen Canal allein.

Die Meerenge von Rosario.

Und doch verlangt die Britische Regierung, der Kaiser-
liche Schiedsrichter möge den Canal des Vertrages in einer
Durchfahrt finden, für welche sie im Januar 1848 keinen
Namen und keine andere Beschreibung hatte, als »den weiten
Canal oestlich der zahlreichen Inseln, welcher von Vancouver
gezeichnet ist«, *(the wide channel to the east of numerous islands,
which is laid down by Vancouver)*, und welchen sie jetzt im
Jahre 1871 mit dem Namen der »Rosario-Meerenge« bezeichnet.

Meine erste Bitte ist: der Kaiserliche Schiedsrichter
möge feststellen: als wo belegen dachten sich die vertragschliessenden Theile die Meerenge von Rosario am 15. Juni
1846, dem Tage der Unterzeichnung des Vertrages?

An jenem Tage war der Name »Meerenge von Rosario«
auf jeder von den Unterhändlern gebrauchten Karte den Gewässern beigelegt, welche die Insel Texada von dem Festland
trennen, weit nördlich vom 49sten Grade. Dort liegt sie fest-

Karte C. geankert auf der Karte Vancouver's von 1798. Sie nimmt
dieselbe S..le ein in dem Atlas der Französischen Uebersetzung
von Vancouver. Dort ist sie auch zu finden auf der 1844 herausge-
Karte E. gebenen FranzösischenKarte von Duflot de Mofras; und ebenso auf
Karte F. der Karte von Wilkes von 1845; und ebenso auch auf der
Britischen Karte der Vancouver-Insel, herausgegeben von dem
Geographen der Königin, noch im Jahre 1848. Wenn also

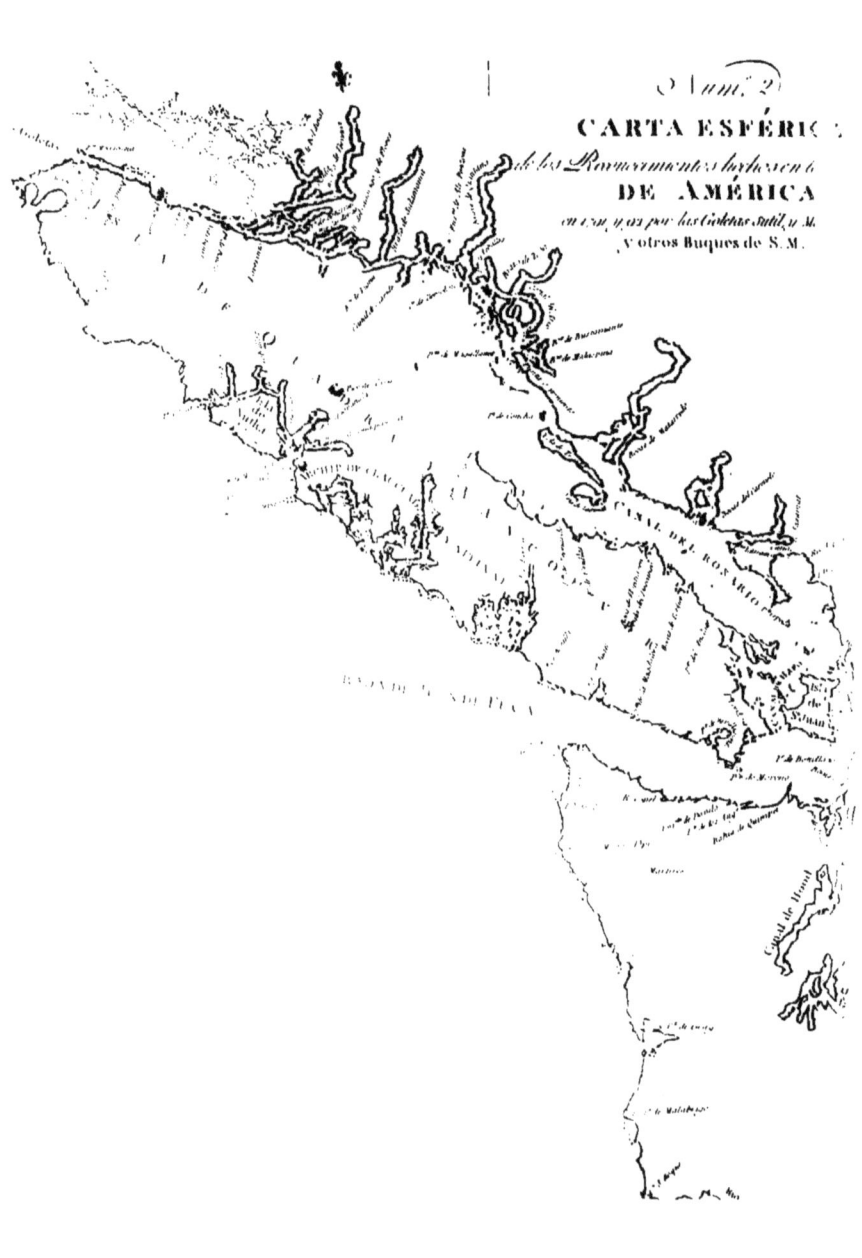

Núm. 2

CARTA ESFÉRICA

de los Reconocimientos hechos en la

DE AMÉRICA

en 1791 y 92 por las Goletas Sutil y M.

y otros Buques de S.M.

alle Britischen und alle Amerikanischen Karten, welche im
Jahre 1846 den Namen »Meerenge von Rosario« trugen, diese
Meerenge weit hinauf über den 49sten Grad nördlicher Breite
setzten; wie kann die Britische Regierung Eure Majestät be-
stimmen wollen zu sagen, die Meerenge von Rosario bilde die
von den vertragschliessenden Theilen in jenem Jahre festgestellte Grenzlinie zwischen den Vereinigten Staaten und dem
Britischen Gebiet? Wie und warum die Briten den Namen
Rosario von den Gewässern losgeankert haben, denen sie selbst
ihn zugewiesen hatten, und wo er gerade ein halbes Jahr-
hundert hindurch festgelegen hatte, überlasse ich ihnen zu erklären und zu rechtfertigen. Ich bemerke nur, dass sie keine
Karte von älterem Datum als 1848 vorlegen können, weder
eine Englische, noch eine Französische, noch eine Spanische,
noch eine Deutsche auf welcher die Durchfahrt, die sie
jetzt Meerenge von Rosario nennen, jenen Namen trägt. Auf
alten Spanischen Karten wurde der Name Canal de Nuestra Karte B.
Señora del Rosario nur der sehr breiten, nördlich des Canal von Karte D.
Haro und des 49sten Grades gelegenen Wasserstrasse gegeben.

Ferner: die sogenannte Meerenge von Rosario ist überhaupt gar keine Meerenge. Es ist die Segelbahn Vancouver's
auf seiner Fahrt von der Admiralitätsbucht nach dem Norden,
wie seine Karte zeigt; aber sie erhielt von ihm überhaupt
keinen Namen. Auch auf Britischen Karten trug sie nie einen
Namen eher, als nachdem die Britische Regierung eine neue
Interpretation des Vertrages vom Juni 1846 eingeführt hatte.

Weiter, und diese Bemerkung ist von durchschlagender
Bedeutung, schon für sich genügend, die Frage zu entscheiden:
die Linie des Vertrages muss laufen von der Mitte des »Canals,
welcher den Continent von der Vancouver-Insel trennt«. Nun
berührt aber die sogenannte Meerenge von Rosario weder das
Festland, noch die Vancouver-Insel. Sie trennt kleine Inseln
von kleinen Inseln, und sonst nichts; sie macht keinen Anspruch darauf Vancouver vom Festland, noch das Festland von
Vancouver zu trennen.

E

Ueberdies muss die Wasserlinie des Vertrages ein Canal
sein, der eine zusammenhängende Linie mit der Meerenge von
Fuca bildet; denn die Worte des Vertrages sind: »durch die
Mitte des gedachten Canals und die Meerenge von Fuca«. Nun
führt aber die sogenannte Meerenge von Rosario nur zu einem
Karte A. Sund, welchen Spanische Reisende die Bay von Santa Rosa
genannt haben; sie hängt gar nicht zusammen mit der Meerenge von Fuca, welche am südöstlichen Vorgebirge der Vancouver-Insel endigt. Der Seefahrer, welcher die Segelbahn
Vancouvers in umgekehrter Richtung führt, und der soge-
nannten Meerenge von Rosario nach Süden hin folgt, würde
in die Admiralitätsbucht gelangen, aber niemals die Meerenge
von Fuca erreichen.

Verglichen mit dem Canal de Haro ist die sogenannte
Meerenge von Rosario auch, wie wir gesehen haben, eine
engere Passage, eine weniger tiefe Passage und ein Umweg.

Schluss.

Doch genug: die Rechte Amerikas können nur verdunkelt
werden durch ein Uebermass von Worten. Die Willensmeinung der Theilnehmer am Vertrage ist klar gelegt durch die
Geschichte seiner Entstehung. Die Grenze, welche wir beanspruchen, ist klar gelegt in dessen Worten, genommen im
Zusammenhang, wie genommen im Einzelnen. Ich will schliessen
mit Anführung allgemeiner Grundsätze der Auslegung, welche
durch das Völkerrecht festgestellt sind.

Eine Partei, welche den Entwurf eines Vertrages vor-
legt, ist gebunden durch die Auslegung, welche ihres Wissens
die andere Partei zur Zeit dem Entwurf giebt. Lord Aberdeen
konnte nicht in Zweifel sein, wie der Vertrag von Mr. MacLane,
von Mr. Buchanan, vom Senat der Vereinigten Staaten ver-
Appendix, No. 19, standen wurde. »Wo die Ausdrücke eines Versprechens«,
p. 56. schreibt Paley, dessen Werk lange Zeit Lehrbuch zu Oxford
war, »mehr als einen Sinn zulassen, muss das Versprechen in
dem Sinne erfüllt werden, in welchem der Versprechende

wahrnahm. dass der Gegner es jener Zeit angenommen hatte.
Dies wird nicht abweichen von der wirklichen Willensmeinung des Versprechenden. sofern das Versprechen ohne Täu-
schung oder Rückhalt abgegeben ist; aber wir stellen die Regel
in der obigen Form auf. um eine Ausflucht abzuschneiden, wo
der Versprechende durch eine Mehrdeutigkeit in den von ihm
gebrauchten Ausdrücken zu entschlüpfen sucht.«

Ferner: »Ist ein Recht verschiedener Abstufungen fähig. so darf zunächst nur die geringste Stufe als zugestanden angenommen werden.« Diese Regel Heffter's passt auf den ge-
genwärtigen Fall so genau. dass sie dafür gemacht scheint.
Da verschiedene Stufen in der Abweichung vom 49sten Grad
vorlagen, so muss angenommen werden. dass nur die geringste
Stufe zugestanden war.

Heffter's Völker-
recht. §. 95. p.478.
Ed. 1867.

Endlich und vor Allem: Es giebt einen Grundsatz, welcher nicht nur die Auslegung der Verträge. sondern auch die
Ergebnisse der Forschung in jedem Zweige menschlichen
Wissens beherrscht. Eine Auslegungsweise. welche Verwirrung
und Widerspruch in sich schliesst. ist vorweg zu verwerfen:
von zwei rivalisirenden Auslegungsweisen ist die. welche
alle Erscheinungen annähernd am meisten mit einander ver-
söhnt. vorzuziehen: — die Auslegungsweise aber. welche alle
Erscheinungen und Umstände innerlich vereinigt. ist als wahr
anzunehmen. Die Britische Auslegung des Vertrages führt zu der
Voraussetzung. dass die Engländer, welche ihn ausschliesslich
entworfen hatten. die Saat künftiger Streitigkeiten gerade in
dieselbe Urkunde gelegt haben würden. durch welche sie jede
Grenzstreitfrage für immer beizulegen vorschlugen. Sie würde
voraussetzen. dass unter den verhandelnden Theilen solche
gewesen wären. welche täuschten, und solche, welche getäuscht
wurden. Lord Aberdeen hört auf, der »geradsinnige« Mann
in MacLane's Bericht zu sein. Auf Amerikanischer Seite er-
scheinen die Staatsmänner geist- und verstandlos und leicht
zu hintergehen. Der historische Hergang. durch welchen man
zu dem Vertrage gelangte. wird unverständlich. Auf den

Karten müssen die Namen geändert werden. Die natürliche
Gestalt von Inseln und Festland und die Fahrstrassen der
grossen See müssen breiter und enger gemacht werden, um
für die Spitzfindigkeiten einer Regierung zu passen, welche
versichert, die wahre Meinung eines Vertrages nicht genau zu
verstehen, in welchem sie für jedes einzelne Wort selbst ver-
antwortlich ist.

Nehmen wir die andere Auslegungsweise. Interpretiren
wir den Vertrag, wie ihn die Amerikaner annahmen: und auf
Britischer Seite stehen keine Staatsmänner, die zu täuschen
versuchten, auf Amerikanischer Seite keine Getäuschten. Der
Hergang der Verhandlung wird klar, und steht in Einklang
mit ihrem Resultat. Mr. MacLane behält seinen guten Ruf
der Klugheit, des klaren Verständnisses und der sorgfältigen
Darstellung, der ihm jederzeit beigelegt worden ist. Alle
Worte, welche aus der Feder oder von den Lippen jedes Einzelnen kamen, welcher bei der Entwerfung, Annahme, Bestätigung des Vertrages betheiligt war, stimmen unter sich und
tragen den Stempel der guten Absicht und Rechtschaffenheit.
Alles, was geäussert war von Mr. Everett, Mr. MacLane oder
Mr. Buchanan, von Lord Aberdeen, Mr. Benton oder Sir Robert
Peel, ist in vollkommener innerer Uebereinstimmung, selbst
ohne den Schein eines Widerspruches. Die Meerengen und
die Strassen mögen da bleiben, wohin die Natur sie gesetzt
hat, und alte Namen mögen auf ihre rechtmässige Stelle zu-
rückgebracht werden. Die Vollendung des Vertrages erscheint
als das ehrenvolle Werk redlicher und geschickter Staatsmänner,
bemüht, Freundschaft und Frieden unter »geschlechtsver-
wandten Nationen« aufzurichten. Personen, Hergänge, Be-
richte von Unterredungen und die Worte des Vertrages selbst
kommen schliesslich wieder zusammen in vollkommenster Har-
monie, und laden zu einem Spruche ein, der bereitwillige
Folgeleistung finden, und keinen Stachel zurücklassen wird in
der Wunde, welche er heilt.